Inhalt

Erbschaftsteuer - Begünstigung von Unternehmensvermögen nicht verfassungskonform?

Kernthesen

Beitrag

Fallbeispiele

Weiterführende Literatur

Impressum

Erbschaftsteuer - Begünstigung von Unternehmensvermögen nicht verfassungskonform?

Annett Kaindl

Kernthesen

- Der Bundesfinanzhof hält das geltende Erbschaftsteuerrecht für verfassungswidrig.
- Die aktuellen Regelungen verstoßen gegen das Gebot der Gleichbehandlung.
- Die Erben von Unternehmen werden gegenüber anderen Erbfolgern bevorzugt.

Beitrag

Bundesfinanzhof hält aktuelles Erbschaftsteuerrecht für verfassungswidrig

2002 hat der Bundesfinanzhof (BFH) dem Bundesverfassungsgericht (BVerfG) zahlreiche Normen des Erbschaftsteuergesetzes (ErbStG) zur Überprüfung der Verfassungsmäßigkeit vorgelegt. Der BFH war der Auffassung, dass einige Regelungen im ErbStG einen Verstoß gegen den Gleichheitssatz (Art. 3 Abs. 1 Grundgesetz) darstellen und deshalb verfassungswidrig sind. Die Auffassung des BFH ist vom BVerfG in vollem Umfang bestätigt worden. (1)

Der Steuergesetzgeber hat in der Folgezeit mit dem Erbschaftsteuerreformgesetz das Erbschaftsteuerrecht reformiert. Den Auflagen der Richter des BVerfG wurde formal nachgekommen. Das neue Gesetz sieht Lockerungen für Betriebsvermögen vor. Seitdem können Erben eines Betriebes steuerlich begünstigt oder gar steuerfrei gestellt werden, wenn sie sich verpflichten, den Betrieb fortzuführen und die Arbeitsplätze der Firma über einige Jahre zu sichern. Diese Regelung soll verhindern, dass Familienunternehmen aufgrund von Erbschaftsteuerschulden aufgeben oder den Betrieb veräußern müssen. (2)

Trotz der vorgenommenen Anpassungen am ErbStG stellt sich schon wieder die Frage, ob das neue Gesetz den verfassungsrechtlichen Vorgaben entspricht. Bezweifelt wird insbesondere, dass das neue System in den §§ 13a, 13b ErbStG, welches unternehmerisches Vermögen begünstigt, verfassungsrechtlichen Maßstäben genügt. (1)

Gründe für die Verfassungswidrigkeit

In einem Revisionsverfahren zum neuen ErbStG hat der BFH mit Beschluss vom 27.9.2012 dem BVerfG das ErbStG (erneut) zur verfassungsrechtlichen Prüfung vorgelegt. Der BFH hält die §§ 13a, 13b ErbStG wegen Verstoßes gegen den Gleichheitssatz des Grundgesetzes für verfassungswidrig, weil die in den §§ 13a, 13b ErbStG geregelten Vergünstigungen für unternehmerisches Vermögen nicht durch ausreichende Sach- und Gemeinwohlgründe gerechtfertigt sind und einen verfassungswidrigen Begünstigungsüberhang aufweisen. Nach Meinung des BFH führt die weitgehende oder vollständige Verschonung unternehmerischen Vermögens zu einer "Überprivilegierung". Dem Steuergesetzgeber ist es nicht gelungen, den Kreis der Begünstigten sachgerecht abzugrenzen. (1), (3)

Kernpunkt der Kritik: Das gegenwärtige System der §§ 13a, 13b ErbStG ermöglicht Gestaltungen, die dazu führen, dass (bisheriges) Privatvermögen, welches grundsätzlich der vollen Besteuerung unterliegt, in (formales) Unternehmensvermögen umstrukturiert werden kann. (1)

Die Steuervergünstigungen des ErbStG führen dazu, dass die Besteuerung zur Ausnahme, die Begünstigung zur Regel wird, weshalb nicht begünstigte Steuerpflichtige in ihrem Recht auf eine gleichmäßige, der Leistungsfähigkeit entsprechende und folgerichtige Besteuerung verletzt werden. (3), (4)

Der BFH unterstützt seine Auffassung durch Sachverhaltsbeispiele. Diese zeigen, wie sich durch Gestaltungsstrukturen Privatvermögen in begünstigtes unternehmerisches Vermögen umstrukturieren lässt. (1)

Sachverhaltsbeispiele

Cash-GmbHs: Der BFH kritisiert ganz konkret sogenannte Cash-Gesellschaften. Nach überwiegender Auffassung gehören Geldforderungen wie beispielsweise Sichteinlagen, Spareinlagen und Festgeldkonten nicht zum steuerschädlichen Verwaltungsvermögen. Nach §§ 13a, 13b ErbStG wird Betriebsvermögen, das mindestens fünf Jahre gehalten wird, wobei die Lohnsumme in diesen fünf Jahren mindestens 400 Prozent der Ausgangslohnsumme erreichen muss, nur mit 15 Prozent des Vermögens besteuert. Es darf ein Verschonungsabschlag von 85 Prozent vorgenommen werden, wenn das sogenannte Verwaltungsvermögen nicht mehr als 50 Prozent des Betriebsvermögens ausmacht.

Ein Anteil an einer Kapitalgesellschaft oder an einer gewerblich geprägten Gesellschaft, der nach dem ErbStG begünstigt ist, kann auf diese Art und Weise erbschaftsteuerrechtlich privilegiert übertragen werden, obwohl das Betriebsvermögen derartiger Gesellschaften lediglich aus Geldforderungen besteht. Ohne Einlage dieses Vermögens in das Betriebsvermögen unterläge es als Privatvermögen der vollen Besteuerung ohne Begünstigung.

Der BFH stellt fest, dass diese Bestimmungen nicht geeignet sind, risikobehaftetes und deshalb zu begünstigendes Betriebsvermögen von weitgehend risikolosem und daher nicht begünstigungswürdigem Betriebsvermögen abzugrenzen. Damit lässt sich eine verfassungswidrige Fehlbesteuerung und ein Verstoß gegen den Gleichheitssatz begründen. (1), (2)

Typisierungsargument: Die Auffassung des Bundesfinanzministeriums, dass die Festlegung des unschädlichen Verwaltungsvermögens mit bis zu 50 Prozent des gesamten Betriebsvermögens eine zulässige Typisierung ist, lehnt der BFH ab. Es ist nicht zu erkennen, dass Betriebe aus Gründen der Liquidität, zur Absicherung von Krediten oder auch zur Stärkung der Eigenkapitalbasis bis zu 50 Prozent über nicht unmittelbar dem Betrieb dienende Wirtschaftsgüter (Verwaltungsvermögen) verfügen müssen. Dies ist insbesondere auch vor dem Hintergrund zu sehen, dass Mittel zur Sicherstellung der laufenden Liquidität, wie zum Beispiel Bargeld und Bankguthaben, ohnehin nicht zum Verwaltungsvermögen gehören.

Das Typisierungsargument wird noch zusätzlich entwertet und der verfassungswidrige Begünstigungsüberhang dadurch erweitert, dass sich durch eine einfache, durchaus verbreitete, mehrstufige Konzernstruktur der unter die Verschonungsregelung fallende Anteil des Verwaltungsvermögens am Betriebsvermögen deutlich erhöht werden kann, ohne dass dies der Gewährung der Steuervergünstigungen entgegensteht (der sogenannte Kaskadeneffekt). [(4)](#)

Lohnsummenregelung: Die Lohnsummenregelung erweist sich als ungeeignetes Kriterium, um das Lenkungsziel der Arbeitsplatzsicherung umzusetzen und sicherzustellen. Die eingeschränkte Anwendung der Lohnsummenregelung auf Betriebe mit mehr als 20 Mitarbeitern kann nicht mit dem Grund der Verringerung des Bürokratieaufwands gerechtfertigt werden, denn die Ermittlung der Lohnsumme ist auch in kleineren Unternehmen ohne größeren Aufwand möglich. Ferner fallen weit mehr als 90 Prozent der Betriebe nicht unter die Lohnsummenregelung, weil sie weniger als 20 Beschäftigte haben. Darin sieht der BFH einen Verstoß gegen den Gleichheitssatz des Grundgesetzes.

Schließlich kann durch Gestaltungen wie die Aufspaltung in eine Besitzgesellschaft mit nicht mehr als 20 Beschäftigten und dem wesentlichen Betriebsvermögen auf der einen und eine Betriebsgesellschaft mit einer beliebigen Anzahl von Beschäftigten und ohne wesentliche Vermögenswerte auf der anderen Seite die Vorschrift umgangen werden. Der Begünstigungsgrund "Arbeitsplatzerhalt" erweist sich als nicht tragfähig. (4)

Geplante Gesetzesänderungen

Der Steuergesetzgeber will Änderungen bei den Regelungen in Bezug auf das Verwaltungsvermögen des § 13b ErbStG vornehmen. Wertpapiere sowie vergleichbare Forderungen, Zahlungsmittel, Sichteinlagen, Bankguthaben und andere Forderungen, soweit deren Wert nicht geringfügig ist, sollen zukünftig zum schädlichen

Verwaltungsvermögen zählen. Forderungen aus der eigentlichen Unternehmenstätigkeit stellen kein Verwaltungsvermögen dar.

Nach Auffassung der Finanzverwaltung und großer Teile des Schrifttums sind Finanzmittel im Rahmen des bisher geltenden Rechts grundsätzlich kein Verwaltungsvermögen, können also beispielsweise in einer sogenannten Cash-GmbH den Begünstigungen für Betriebsvermögen zugeführt werden. Das ist nur gerechtfertigt, soweit die Finanzmittel betriebsnotwendig sind oder aus der Betriebstätigkeit entstanden und im Besteuerungszeitpunkt noch nicht in produktives Vermögen angelegt sind. Ziel der Neuregelung ist eine sachgerechte Eingrenzung.

Die Begründung zur geplanten Neuregelung zeigt, dass es darum geht, denjenigen Strukturen entgegenzutreten, bei denen materielles Privatvermögen in ein Betriebsvermögen eingelegt wird, um dann vor dem Hintergrund der bisherigen Verwaltungsauffassung die Privilegien des ErbStG zu nutzen. [(1)](#)

Im Rahmen des Gesetzgebungsverfahrens zum Jahressteuergesetz (JStG) 2013 wurden Änderungsvorschläge zum Erbschaftsteuergesetz eingebracht. Damit soll verfassungsrechtlichen Bedenken begegnet werden. Der Bundesrat hat am 23.11.2012 seine Zustimmung zum JStG 2013 verweigert. Zum Zeitpunkt des Verfassens dieses

Reports war das JStG 2013 noch immer nicht in trockenen Tüchern. (4)

Trends

Mit hoher Wahrscheinlichkeit wird das BVerfG der Auffassung des BFH folgen und das Erbschaftsteuergesetz als mit dem Grundgesetz unvereinbar erklären. Völlig offen sind die Rechtsfolgen, welche das BVerfG hieran knüpft. Zum einen könnte das BVerfG das Erbschaftsteuergesetz für alle offenen und künftigen Fälle für unanwendbar erklären. Zum anderen könnte es das Gesetz auch lediglich als mit dem Grundgesetz unvereinbar, aber für vorübergehend noch anwendbar erklären und dem Gesetzgeber eine Übergangsfrist zur Schaffung eines verfassungsgemäßen Gesetzes einräumen. (4)

Mit dem Ziel der Sicherung von Arbeitsplätzen werden Erben von Unternehmen unter bestimmten Voraussetzungen gegenüber anderen Steuerpflichtigen übermäßig begünstigt. Als Alternative dazu wäre denkbar, ein Erbschaft- und Schenkungsteuergesetz zu beschließen, das keine Begünstigungen vorsieht, jedoch für alle Steuerpflichtigen erheblich ermäßigte Steuersätze aufweist. Dies würde für den Staat höhere Steuereinnahmen bedeuten und wäre gerechter als das gegenwärtig geltende gegen das Grundgesetz verstoßende Recht. (3)

Fallbeispiele

Noch im Frühjahr 2012 hatte die Bundesregierung die geltende Regelung des ErbStG gegen Kritik aus dem Wissenschaftlichen Beirat des Bundesfinanzministeriums mit der Begründung verteidigt, dass damit Arbeitsplätze erhalten werden. Auf der Grundlage einer eigenen Untersuchung war der Beirat zu der Erkenntnis gekommen, dass die weitreichenden Vergünstigungen beim Unternehmensvermögen im Hinblick auf die Beschäftigungseffekte der Erbschaftsteuer nicht zu rechtfertigen sind. Die Wissenschaftler schlugen stattdessen eine Ausweitung des Instruments der Steuerstundung vor, sofern die Fortführung eines Familienbetriebs durch den Erbfall tatsächlich gefährdet ist. (2)

Der BFH sieht in der Erbschaftsteuer keine generelle Existenzgefährdung mittelständischer Unternehmen. Die im Gesetz getroffene Regelung berücksichtigt die Fälle nicht, in denen neben dem Betriebsvermögen noch weiteres Vermögen übertragen wird oder sich beim Erwerber befindet, aus dem dieser die Steuer ohne Gefährdung der Betriebsfortführung bezahlen könnte. Zur Begründung zieht der BFH das Argument heran, dass das ErbStG nicht das

Unternehmen, sondern den Erwerber des Unternehmens in Anspruch nimmt. Unterstützung für diese Auffassung findet der BFH in einem vom Wissenschaftlichen Beirat beim Bundesfinanzministerium erstatteten Gutachten 01/2012. Im Zusammenhang mit der erbschaftsteuerlichen Begünstigung von Unternehmensvermögen führt dieses aus, dass es zwar denkbar, aber keineswegs zwingend ist, dass die Erbschaftsteuer ungünstige Liquiditätseffekte bei Unternehmen auslöst, die zu beschäftigungsmindernden Effekten führen können. (4)

Weiterführende Literatur

(1) Erbschaftsteuer auf Unternehmensvermögen
aus Betriebs Berater Heft 48/2012 Seite 2979

(2) Erbschaftsteuer erneut in Karlsruhe BFH kritisiert die Bevorzugung von Unternehmenserben und hält das Gesetz für verfassungswidrig
aus Börsen-Zeitung, 11.10.2012, Nummer 196, Seite 6

(3) Zur möglichen Verfassungswidrigkeit der Erbschaft- und Schenkungsteuer
aus FR - Finanz-Rundschau 1/2013, S. 13-20

(4) Zum Vorlagebeschluss des BFH vom 27.9.2012 zur Verfassungsmäßigkeit des ErbStG

aus Betriebs Berater Heft 51/2012 Seite 3171

Impressum

Erbschaftsteuer - Begünstigung von Unternehmensvermögen nicht verfassungskonform?

Bibliografische Information der deutschen Nationalbibliothek

Die Deutsche Nationalbibliothek verzeichnet diese Publikation in der deutschen Nationalbibliografie; detaillierte bibliografische Daten sind im Internet über http://dnb.d-nb.de abrufbar.

ISBN: 978-3-7379-1420-8

© 2015 GBI-Genios Deutsche Wirtschaftsdatenbank GmbH, Freischützstraße 96, 81927 München, www.genios.de

Alle Rechte vorbehalten. Dieses Werk ist einschließlich aller seiner Teile – z.B. Texte, Tabellen und Grafiken - urheberrechtlich geschützt. Jede Verwertung außerhalb der Grenzen des Urheberrechtsgesetzes bedarf der vorherigen Zustimmung des Verlags. Dies gilt insbesondere auch für auszugsweise Nachdrucke, fotomechanische

Vervielfältigungen (Fotokopie/Mikroskopie), Übersetzungen, Auswertungen durch Datenbanken oder ähnliche Einrichtungen und die Einspeicherung und Verarbeitung in elektronischen Systemen.